맥을
짚어 볼까요?

우리 몸에는 의사 백 명이
살고 있어. 그 의사들은
우리가 건강하도록
몸 구석구석을 돌봐.
이것을 스스로 치료하는
힘이라고 해.

몸 어디 한 곳이라도 잘 돌아가지 않으면
몸속 의사들이 더 힘내서 일해. 하지만 가끔은 힘에 부쳐.
그러면 사람들은 비로소 아프다는 걸 알게 돼.
그때는 몸 밖의 의사를 찾아가지.

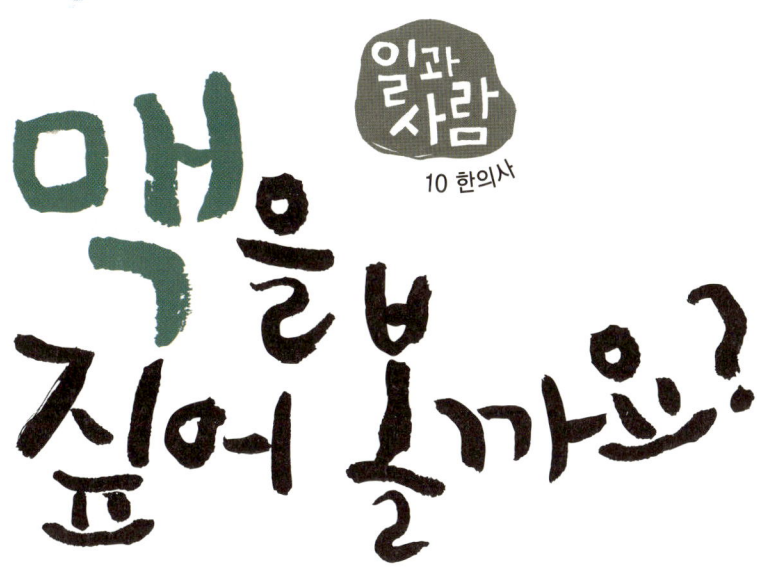

일과 사람
10 한의사

맥을 짚어 볼까요?

전진경 쓰고 그림

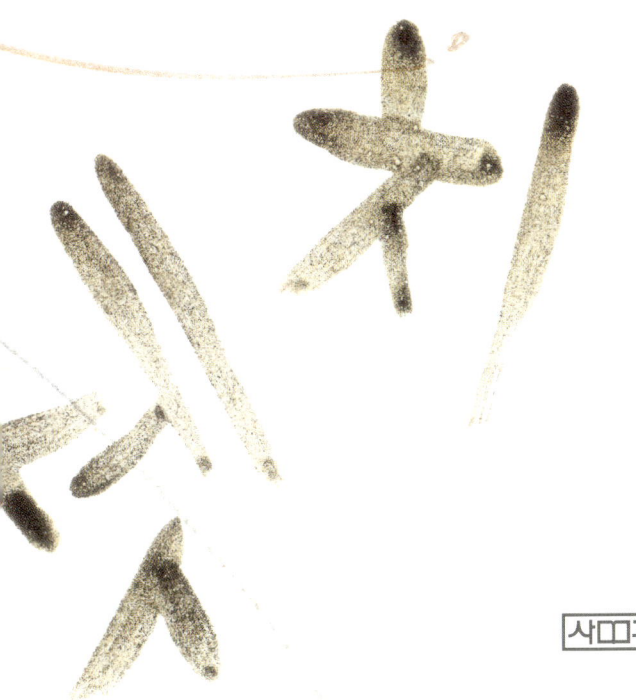

사□계절

이른 아침부터 병원이 환자들로 북적여.
단골 할머니들은 도란도란 이야기를 나누다가
내가 출근하면 반갑게 맞아 주셔.
이런 시간이 즐거운가 봐.
늘 나보다 먼저 와 계시거든.

아, 맞다. 안녕?
나는 이 병원 의사야.
여기는 한의원이고,
나는 한의사지.

오늘 첫 진료는 멋쟁이 청년이야. 어디 보자, 기운이 없고 눈이 퀭하네.
진료는 아픈 사람이 진료실로 들어설 때부터 시작돼.
나는 눈과 귀를 크게 열고 환자를 살펴봐.
걸음걸이, 얼굴빛, 목소리 높낮이, 심지어 입 냄새가 중요할 때도 있어.

나는 환자랑 앉아서 한동안 이야기를 나누어.
언뜻 보면 그냥 '사는 얘기'를 나누는 것 같지. 사실은 왜 아프게 됐는지
정보를 모으는 중이야. 사는 얘기 속에 아프게 된 까닭이 다 들어 있어.
그걸 알아야 병을 고칠 수 있지.
말을 차분히 듣고 질문을 잘하는 것도 의사가 할 일이야.

자, 이제부터 맥을 짚을 거야.
손목에 손가락을 가지런히 올려놓고 맥이 뛰노는 걸 살펴.
맥은 몸이 보내는 중요한 신호야.
나는 집중해서 손끝으로 그 신호를 읽어.
살짝 대 보고, 조금 더 눌러 보고, 꾸욱 힘주어 눌러 봐.
이렇게 하는 걸 진맥이라고 해.
신호들을 읽고, 조금 전에 보고 듣고 물어서 모은 정보들을 합쳐.
그러면 어디가 어떻게 아픈지 알게 돼.

여기에 가만히 손을 대 보면
살갗 아래에서 툭툭 뛰는 움직임이 느껴져.
해 봐, 느껴지지? 그것을 '맥'이라고 해.
사람마다 맥은 다르게 뛰어.

진맥으로 병을 알아내는 건 정말 어려운 일이야.
수많은 한의학 책을 읽으며 연구하고,
수많은 사람들을 진료하며 깨닫지.
나는 먼저 건강한 맥은 어떻게 뛰는지를 연구했어.
그런 다음 아픈 맥은 어떻게 다른지를 비교했지.

환자를 진료한 내용을 적어 둬. 그래야 다음에 또 아플 때 몸 어디가 약한지 알 수 있어.

이 환자는 설사도 하고 기침도 심해.
설사가 난다고 설사를 멈추게 하는 약을 주지는 않아.
기침이 심하다고 기침을 멎게 하는 약을 주는 게 아니야.
장과 폐를 따뜻하게 해 주면 저절로 설사와 기침이 멎어.
차가워진 것을 다시 따뜻하게 해서 몸의 균형을 맞추는 거야.
이제 나는 침을 놓고 뜸을 뜨고 한약을 지어서 치료할 거야.
하지만 먼저 단단히 일러두는 말이 있단다.
이건 정말 중요한 이야기야.

오랫동안 화를 풀지 못하고 있으면 병이 생길 수 있어.
점순 할머니가 그랬어.
할머니는 어느 날부터 목이 뻣뻣하고 귀가 잘 안 들린다면서 나를 찾아오셨어.
이야기를 나누어 보고, 맥도 짚어 보니 '화병'이더라고.
억울하고 속상한 마음을 한참 동안 꾹꾹 참고 있다가 몸까지 아프게 된 거야.

바로 여기가 치료실이야.
이곳에서 사람들은 따끈한 침대에 누워,
침을 맞고 뜸도 뜨지.
점순 할머니도 꾸준히
침 치료를 받고 계셔.

치료실

먼저 목덜미가 뻣뻣한 것을 풀어 줄 거야.
그다음 간을 편안하게 해 주는 침을 놓을 거고.
침은 경혈 자리에 놓는 거란다.
간을 진정시키는 경혈 자리가 따로 있어.
경혈이라는 말은 처음 듣지? 자, 봐.

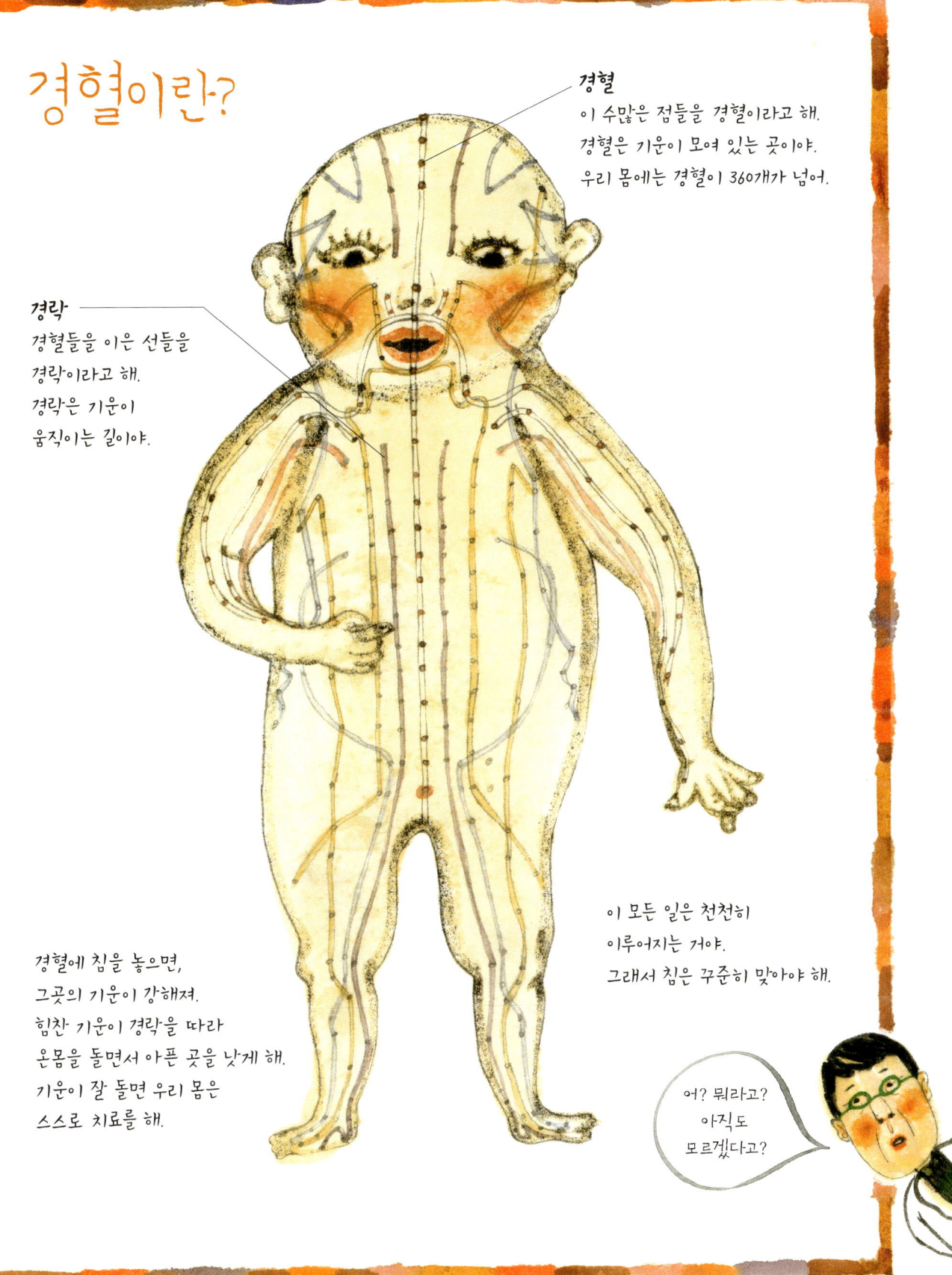

경혈이란?

경혈
이 수많은 점들을 경혈이라고 해.
경혈은 기운이 모여 있는 곳이야.
우리 몸에는 경혈이 360개가 넘어.

경락
경혈들을 이은 선들을
경락이라고 해.
경락은 기운이
움직이는 길이야.

경혈에 침을 놓으면,
그곳의 기운이 강해져.
힘찬 기운이 경락을 따라
온몸을 돌면서 아픈 곳을 낫게 해.
기운이 잘 돌면 우리 몸은
스스로 치료를 해.

이 모든 일은 천천히
이루어지는 거야.
그래서 침은 꾸준히 맞아야 해.

어? 뭐라고?
아직도
모르겠다고?

경혈과 경락을 시냇물에 견주기도 해.
우리 몸을 큰 땅이라고 상상해 봐.
위와 장은 큰 강이야. 크고 작은 시냇물이
간, 심장, 폐 같은 곳들을 지나서
등과 목, 어깨와 머리, 팔과 다리,
손가락과 발가락으로 흐르는 거야.

시냇물을 떠올려 봐.

곳곳에 맑은 물이 솟구치고, 세차게 흐르기도 하고, 굽이치기도
하는 곳이 있어. 그곳이 경혈이야. 물이 흐르는 길은 경락이지.
물은 계속 흘러야 깨끗해. 찌꺼기가 쌓여서 흐름이 막히면,
물이 흐려지고 썩거든. 경혈에 침을 놓는 건,
막힌 곳을 뚫어서 샘물을 힘차게 솟게 하는 거랑 같아.
사람 몸이 자연의 이치와 꼭 같지?
그래서 한의사는 사람을 대할 때 우주와 자연을 대하듯 하지.

침을 놓을 때는 언제나 조심스럽게 해.

엉덩이같이 살이 많은 데는
긴 침을 써.

손발처럼 살이 없고
단단한 데는 짧은 침을 쓰지.

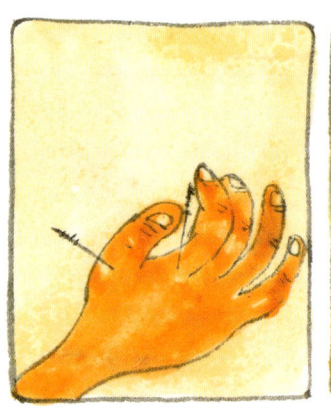
침을 놓는 방향도 중요해.

침을 놓고 '팅팅'
튕겨 주기도 해.

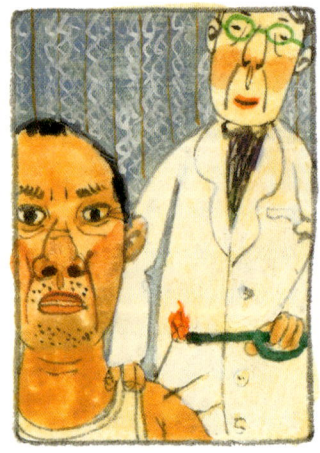
침 끝을 불에 살짝 달구어서
속을 뜨겁게 하는 침도 있어.
어른들만 좋아해.

침을 놓고 아주아주 약한
전기로 자극하기도 해.
안전하니까 걱정 마.

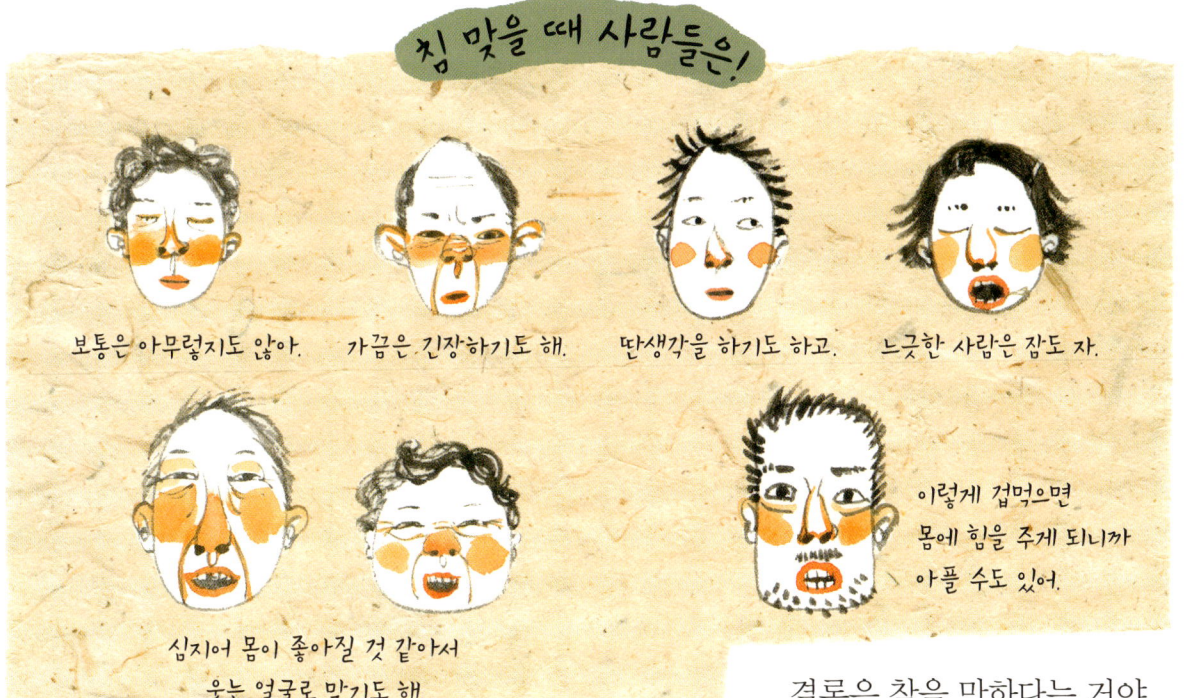

장 감독 아저씨는 축구 감독이자 골키퍼야.
어젯밤에 축구를 했는데, 공이 안 와서
경기 내내 그냥 서 있었대.
밤이라서 찬 바람까지 맞았어.
다음 날 아저씨는 어깨가 붓고 등이 아파서
움직일 수가 없었어.
엄살이 심한 장 감독 아저씨도 좋아하는 치료가 있어.
그건 바로 '뜸'이야.

네에, 믿고 맡기세요.

뜨거워지기 전에 떼어 주세요.

네~ 패스 좋아요~

쑥이 쑥쑥 자라는 걸 보니 올해는 가물겠구먼.

뜸이란?

뜸은 몸속에 따뜻한 기운을 넣어 주어서
병을 낫게 하는 거야. 뜸은 쑥잎으로 만들어.
쑥은 따뜻한 기운을 갖고 있거든.
침이랑 마찬가지로 경혈 자리에 뜸을 놓지.

말린 쑥잎을 가루처럼 곱게 빻아서 여러 모양으로 뜸을 만들어.

이렇게 생긴 통에 넣고
뜸을 뜨기도 해.
뜨거워지면 받침대를 대.
또 뜨거워지면 또 대지.

생강이나 마늘을 얇게 썰어서
아래에 받치고 뜸을 뜨기도 해.
체했을 때 배꼽 위에 올리면 좋아.
따뜻하면서도 개운한 느낌이야.

한의원에서 가장
많이 쓰는 뜸이야.
아래쪽에 테이프가 있어서
살갗에 잘 붙어 있어.

쌀 한 톨보다 작은 뜸이야.
이건 살갗에 바로 올리기 때문에
짜릿하게 따가워.
많이 쓰는 뜸은 아니야.

혜미 할머니는 다리가 삐어서 오셨어.
오르막길에서 넘어지셨대.
삔 데는 침과 뜸으로
금세 낫게 할 수 있어.

이것 봐, 지팡이 짚고 왔다가 그냥 들고 나가시잖아.
허리를 잔뜩 구부리고 들어왔다가, 곧게 펴고 걸어 나가는 분도 많아.
그러면 꼭 내 허리가 펴진 것처럼 시원하지.

혜미는 침도 잘 맞고, 약도 잘 먹어.
꽤 용감한 아이인 게야.
내 얼굴을 보자마자 우는 아이들이 제법 많거든.
한약 냄새도 낯설고, 침을 맞을까 봐 겁먹는 거야.
그래도 괜찮아. 난 사실, 우는 아이 달래기 전문가거든.

철이는 잔병치레가 많았던 아이야.
어릴 때부터 병원에서 주사를
자주 맞았대. 그래서 병원에만 오면
겁부터 내는 거야.

1단계
엄마부터 진맥을 받아. 철이는 보고만 있어도 돼.

2단계
철이를 엄마 무릎에 앉히고 신기한 도구를 보여 줘.

3단계
무릎을 툭 치니까 저절로 다리가 올라가네!

4단계
이제 철이는 울지 않고 가만히 진맥을 받아.

5단계
드디어 철이가 마음을 열고 있어.

하지만 첫날부터 침을 놓을 수는 없어.
봐, 침 얘기를 하니까 또 겁이 나서
굳어 버렸잖아.

"이건 배를 따뜻하게
해 주는 거야.
침은 다음에 맞자."

오늘은 따뜻하게 찜질만 해.
철이는 내일모레쯤이면 침 맞을 마음을 먹게 될 거야.
나는 느긋하게 기다리고 있어.
침을 못 맞겠다면 약으로만 치료해도 돼.
몸이 다 나으려면 시간이 더 걸리겠지만.

잠깐 한가한 시간이야.
난 가끔 이렇게 요가를 하면서 몸을 풀어.

집중력을 높이는 중이야.
아픈 사람을 치료하려면
집중력이 좋아야 하거든.

끙, 배가 다시 나왔나?
손바닥이 안 닿네.

환자를 잘 돌보려면
내 몸이 건강해야지.

저런! 잠을 못 자고, 소화도 안 되고, 코가 막히고, 머리카락도 빠진다고?
복잡한 병일 것 같지만 찬찬히 따져 보면 알 수 있어. 비염에서 시작된
병이라는 걸 말이야. 비염은 콧속에 염증이 생긴 거야.
비염이 심하면 코로 숨 쉬기가 어려워.
숨을 제대로 못 쉬니 잠자기도 힘들고,
피곤하고, 입맛도 없고,
머리카락도 빠지지.

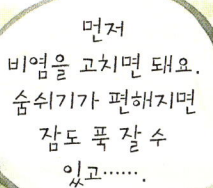

먼저 비염을 고치면 돼요. 숨쉬기가 편해지면 잠도 푹 잘 수 있고…….

비염을 고치려면 폐를 튼튼하게 해야 해.
폐가 약해졌을 때 몸에 찬 기운이 들어오면 숨 쉬는 길에 탈이 나.
그래서 코에 병이 난 거야.
먼저 폐를 건강하게 하는 약을 써야겠어.

약을 꾸준히 먹으면 좋아질 수 있어요.

전 약은 잘 안 먹어요. 특히 항생제 같은 약은 싫어요.

"한약은 음식이에요."

하수오
몸에 습기가 많아지면 병이 나기 쉬워요. 하수오 뿌리는 습기를 빼는 데 으뜸인 약이지요.

양유근
더덕이에요. 반찬으로 즐겨 먹는 그 더덕이요. 마음이 우울하거나 답답할 때 써요.

백자인
측백나무 씨앗이에요. 사철 내내 푸른 측백나무는 씨앗이 단단하고 기름기가 많아요. 마음이 불안하고 초조할 때 아주 좋아요.

풀뿌리나 열매, 나무껍질, 꽃들을 알맞게 쓰면 다 약이야. 비와
바람과 서리에 맞서 살아남으려고 자기만의 특별한 힘을 키웠거든.
오랜 옛날부터 사람들은 이런 것들을 약으로 썼어.
지금도 자연에서 얻은 것들을 정성껏 찌거나 말려서 약재로 써.

약재는 서랍에 빼곡히 채워져 있지. 종류도 이백 가지가 넘어. 이 약재들을 섞어서 한약을 짓는 거야.

나는 환자를 진료한 다음 어떤 약재로 한약을 지을지 처방전을 적어.
보통 열다섯에서 스무 가지 약재를 써.
그러면 한약사가 처방전대로 약재들을 꺼내서 한약을 지어.
우리 한약사 선생은 어느 서랍에 무슨 약재가 들어 있는지 눈 감고도 알지.

약재를 그냥 먹을 수는 없어. 솥에 넣고 달여서
그 물을 먹는 거야. 옛날에는 집에서 달여 먹었는데,
요즘은 한의원에서 달여 주어서 편해.
그래도 정성껏 약을 달이는 마음은 같아.

❶ 솥에 약재와 물을 넣고 세 시간쯤
은근한 불에 끓여. 뚜껑을 열어서
약에 있는 독한 기운이 날아가게 해.
옛날에는 종이를 덮고 끓였어.

한약을 만들고 남은 약재 찌꺼기는 농사짓는 데도 써.
한약은 사람뿐만 아니라 식물도 쑥쑥 자라게 해 줘.
승현 씨는 농부인데, 약재 찌꺼기를 가지고 가서 거름으로 만들어.

승현 씨가 살고 있는 마을에는 병원이 없어. 멀리까지 나가야 해.
그곳에 사는 할머니, 할아버지 들은 아픈 데가 많아도
쉽게 병원을 찾아갈 수가 없지. 얼마나 불편하겠어?
내가 한 달에 두 번씩 찾아가서 치료를 하고 있어.
벌써 십 년이 다 되어 가니까,
나도 이제는 이 마을 주민이나 마찬가지야.

마을 회관이 금세 북적북적해졌어.
어르신들은 여기저기 쑤시고 결리는 곳이 많아.
그런데도 밭일을 계속 하셔.
내가 꾸준히 돌봐 드리고 도와드려야 해.
할머니들은 치료가 끝나도 계속 남아서 이야기를 나누지.
할아버지들은 밖에서 할머니들을 기다리고 있고 말이야.

집으로 돌아가는 길에도 환자를 만나곤 해.
영식이 아빠처럼 어깨가 아플 때는
주무르고 눌러서 풀어 주기만 해도 도움이 돼.
다음 날 아침에 어깨가 훨씬 가뿐해져.
그래도 오늘은 잔소리 좀 해야겠어.
참지만 말고 침 좀 꼭 맞고, 팔다리 운동도 하라고 말이야.

오늘 너무 피곤하겠다고?
아니, 괜찮아.

나는,
내가 다른 사람의 병을 치료할 수 있는
사람이라는 게 아주아주 좋아.

내 손이 약손!

병원에 갈 만큼 크게 아프지는 않지만 갑자기 머리가 아프거나 설사가 날 때가 있어. 차를 타고 가다가 멀미가 날 때도 있지. 그럴 때 아프고 힘든 걸 덜어 주는 방법을 알려 줄게. 따라해 봐! 하지만 계속 아프거나 아픈 게 더 심해지면 병원으로 가야 해.

코가 꽉 막혔을 때

코 옆을 손으로 꾹꾹 눌러 주면 코가 제법 시원해져. 주먹을 살짝 쥐고 엄지손가락으로 코 옆 볼 뼈를 지그시 누른 채 동그라미를 그리는 것처럼 살살 돌려 봐.

머리가 아플 때

눈과 머리카락이 난 곳 사이에 오목하게 들어간 데를 찾아 봐. 그곳을 손가락으로 꾹꾹 눌러. 머리가 맑아질 거야. 졸릴 때 누르면 잠이 달아나. 백회혈이라는 경혈 자리를 눌러도 좋아.

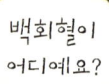

백회혈이 어디예요?

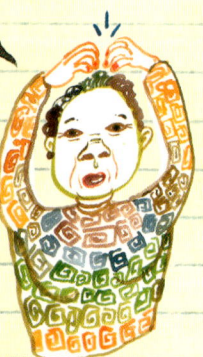
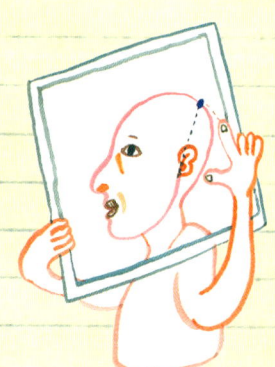

여기예요. 얼굴 한가운데를 이은 선과 귀밑에서 귓구멍을 지나 위로 올라가는 선이 만나는 곳이 백회혈이에요.

멀미가 날 때

귓구멍 앞에 볼록 튀어나온 곳이 있지? 그 앞쪽을 눌러.

손에서 화살표 자리를 찾아서 꾹꾹 눌러도 좋아.

설사가 날 때

설사가 자꾸자꾸 날 때는 배를 따뜻하게 하면 좋아. 배꼽 조금 위쪽에 찜질팩을 얹어 봐. 찜질팩이 없을 땐 따뜻한 물수건을 비닐봉지에 넣어서 얹어도 돼.

체했을 때

엄지와 검지 사이에 움푹한 살을 꾹꾹 누르면 소화가 잘돼. 족삼리라는 경혈 자리를 눌러 줘도 좋아.

족삼리는 무릎뼈 밑으로 손가락 길이만큼 내려간 다음 바깥쪽으로 손가락 한 마디쯤 옆자리야.

손으로 배를 어루만져도 속이 편해져. 시곗바늘 돌아가는 방향으로 크게 동그라미를 그리며 쓰다듬어.

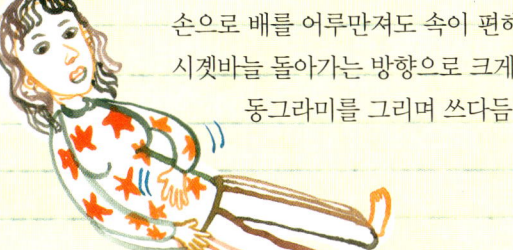

궁금해요!

"우리나라 사람 몸에 알맞은 방법으로 치료해요."

 왜 한의원, 한의사라고 불러요?

아주 오랜 옛날부터 우리나라에서 전해 내려온 한의학을 바탕으로 치료하기 때문에 한의원이라고 불러. '한국' 할 때 그 '한'이랑 똑같아. 한의학은 중국에서 전해진 의학과 우리나라 의학이 합쳐진 거야. 나라마다 땅도 다르고 물도 다르고 자라는 풀도 다르고 먹는 것도 다르잖아. 그러니 몸도 조금씩 다르지. 한의학은 우리나라 사람 몸에 알맞은 치료법과 약을 쓰는 학문이야. 한의원에서 진료하는 사람을 왜 한의사라고 하는지는 저절로 알겠지?

 한의원은 할머니, 할아버지 들만 가는 데 아니에요?

젊은 사람들도 많이 와. 한의원에서는 자연에서 얻은 재료로 약을 짓는다는 점이 좋아서 오기도 하고, 무엇보다 자기 몸에는 한의학으로 치료하는 게 더 잘 낫는다고 여겨서 오겠지. 엄마 아빠랑 같이 오는 어린이 환자도 많단다. 요즘은 외국에서도 한의학에 관심을 많이 갖고 있어.

 손으로만 맥을 짚어서 어떻게 병을 알아요?

진맥은 수천 년 동안 수많은 의사들이 연구하고 후손들에게 전해 준 방법이야. 맥으로 사람 몸을 느끼는 건 꽤 어려워. 한의사들도 배우는 데 오래 걸린단다. 맥만 짚어서 병을 알아내는 건 아니야. 환자를 만나서 눈으로 보고 냄새도 맡고 이야기도 나누면서 진단하는 거야.

 ## 한의사가 되려면 어떻게 해요?

한의사가 되려면 한의과 대학에서 6년 동안 공부해야 해. 그러고 나서 나라에서
치르는 시험에 합격해야 한의사가 될 수 있어. 하지만 대학에서 배우는 것만으로는 모자라.
한방 병원이나 마을 한의원에서 일하면서 선배 한의사한테 더 배우기도 하고,
여러 공부 모임에서도 배워. 한의사가 되고 나서도 공부가 끝이 없지.

 ## 한자를 많이 알아야 해요?

한의학은 한글이 없던 시절부터 전해 내려온 거야. 옛 한의학 책은 한자로
쓰여 있으니 한자를 많이 알아야겠지. 그뿐 아니라, 과학 공부도 많이 해야 한단다.
여기서 다 말할 수 없을 만큼 공부할 게 아주 많아. 사람의 건강을
돌보는 일이니까 공부를 게을리할 수 없지.

 ## 한의원에서 수술도 해요?

수술은 하지 않아. 몸에 나쁜 혹이 있을 때, 서양 의학을 바탕으로 하는 병원에서는 혹을
잘라 내. 한의원에서는 약과 침과 뜸으로 혹을 차츰 말리거나 줄여서 없애. 하지만 당장 붙이고
떼어야 하는 급한 수술이 필요하거나 진득하게 치료할 시간이 없을 땐 외과 병원으로 가야겠지.

 ## 침놓을 때 무섭지 않아요?

처음 침을 놓을 때는 좀 떨렸지만, 무섭지는 않아. 워낙 연습을 많이 했거든.
정확한 경혈 자리에 침을 놓아야 하니까 연습을 수없이 해. 처음부터 사람 몸에
연습하지는 않아. 나는 학생 때 무를 가지고 연습을 많이 했단다. 먹는 무 말이야.

  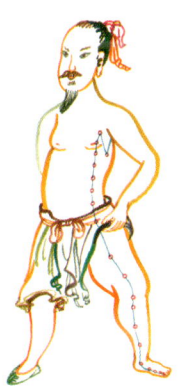  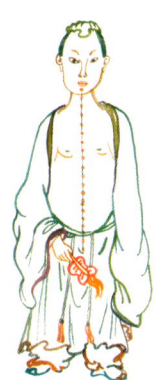

작가의 말

마음을 편안히 하는 것이 가장 중요해!

　한의사를 취재하려고 한의원 문지방이 닳도록 다녔어. 처음에는 한의사 선생님이 하시는 말씀이 너무 어려웠어. 사람 몸이 우주와 같다나? 알쏭달쏭하잖아. 그런데 선생님이 진료하는 걸 졸졸 따라다니면서 보니, 조금씩 알 것도 같더라고. 세 번쯤 갔을 때부터 취재가 즐거워졌던 것 같아. 집에 돌아와서도 따로 한의학에 관한 공부를 더 했어.
　한의원에 가면 마음이 편안해졌어. 한의사 선생님은 늘 친절하고 자세하게 설명해 주셨어. 어떤 말이라도 끝까지 들어 주셨지. 간호사 선생님들도 명랑하게 말을 걸어 주셨어. 한약을 달이는 아주머니들은 맨날 한약 냄새를 맡아서 그런지 건강한 기분이라며 씩씩하게 웃으셨어. 이런 곳이라면, 누구라도 어디가 아프고 얼마나 힘들었는지 마음 편히 말할 수 있겠구나.
　사실 나도 어깨가 무척 아팠던 때야. 침이 무서워서 못 맞고 있었는데, 할머니들 덕분에 용기가 났어. "할머니, 정말 침 맞으면 좋아요?" 물었더니, "그러엄! 다리 아파서 기어 들어왔다가도 침 맞으면 벌떡 일어서서 나가는걸!" 하셨거든. 그래서 나도 침을 맞고, 뜸도 떴어. 침은 잠깐 따끔하다 말았고, 뜸은 뜨겁기 전에 뗐어. 하나도 무섭지 않더라고. 어느 날 아침, 이 닦다가 어깨가 아프지 않다는 걸 깨달았어. 와, 취재도 하고 어깨도 고쳤네! 치료를 받아 보니 한의학이 무엇인지 더 알 수 있었어. 자연의 이치에 따라 치료한다는 것 말이야. 차가워진 건 따뜻하게 하고, 막힌 건 뚫고, 굳은 건 풀어 주는 거야. 자연스럽게 몸속 균형을 맞추는 거지.
　참, 한의사 선생님은 날마다 두 시간씩 공부를 한대. 왜 공부를 계속 하시냐고 물었더니, "공부할 때마다 새로운 것을 알게 돼요." 하고 즐거운 얼굴로 말씀하셨어. 책은 이미 너덜너덜했어. 선생님의 즐거운 얼굴과 낡은 책을 번갈아 보면서 '멋지구나!' 하고 생각했어. 빨리 한의사에 대한 이야기를 쓰고 그리고 싶어졌어.
　나는 먼저 연필로 밑그림을 그리고 글을 써 보았어. 그림이 한 장씩 끝날 때마다 벽에

붙여 놓았지. 그림이 가득 붙은 벽을 바라보니 마음이 뿌듯하더라. 그런데 색을 칠하면서는 고민이 많아졌어. 잘 그리고 싶어서 빽빽하게 가득 그렸는데, 왠지 재미가 없더라고. 이렇게 저렇게 다시 그려 보고, 친구들한테도 고민을 말해 보았어. 그러다 어느 날 깨달았지. 내가 이야기를 잘 담는 것보다 그림을 화려하게 그리는 것에 더 욕심을 냈다는 걸 말이야. 나는 마음을 편히 먹고 그려 보자고 생각했어. 비싼 종이에 어려운 방법으로 색칠하는 것을 버리고, 내가 자주 쓰는 종이에 물감과 달걀노른자를 섞어서 그려 보았어. 그림도 잘되고 재미있더라고! 그림이 썩지 않느냐고? 식초를 섞어서 쓰면 괜찮아. 내 작업실에는 달걀 껍데기가 쌓이고 식초 냄새가 꽉 찼지, 하하하!

그제야 한의사 선생님이 하셨던 말이 다시 생각났어.

"병을 고치는 데는 마음을 편안하게 하는 것이 가장 중요합니다."

그림을 그리는 데도 마음을 편안하게 하는 것이 가장 중요했던 거야.

이 책은 긴 시간 동안 애써서 만들었어. 도와주신 분들도 참 많지. 내 그림과 글이 책으로 나오면 가장 먼저 한의원으로 가져갈 거야. 한의사 선생님께 빨리 보여 드리고 싶어. 그리고 내 조카들한테도 보여 줄 거야. 그 녀석들은 내 책을 좋아하거든. 아, 신난다!

글·그림 **전진경**

어릴 때부터 호기심이 많았습니다. 지금도 세상과 사람에 대한 호기심으로 가득 차, 사람들을 만나서 이야기 듣고 물어보는 걸 좋아합니다. 이야기가 깃든 낡은 물건도 좋아합니다. 만나고 보고 듣고 느낀 것들을 그림으로 그려서 전시회도 여러 차례 했습니다. 홍익대학교에서 동양화를 공부했습니다. 그린 책으로는 『옷』 『그림』 『쇠』 『코가 늘어났어요』 들이 있습니다.

도와주신 분 고광석(대명한의원 원장), 김용복(세종한의원 원장)

일과 사람 10 한의사

맥을 짚어 볼까요?

2012년 7월 10일 1판 1쇄
2024년 1월 20일 1판 9쇄

ⓒ전진경, 곰곰 2012

글·그림 : 전진경 | 기획·편집 : 곰곰_전미경, 심상진, 안지혜 | 디자인 : 큐리어스_권석연 | 편집관리 : 그림책팀 | 제작 : 박홍기
마케팅 : 이병규, 양현범, 이장열, 김지원 | 홍보 : 조민희 | 출력 : 한국커뮤니케이션 | 인쇄 : 코리아 피앤피 | 제책 : 책다움
펴낸이 : 강맑실 | 펴낸곳 : (주)사계절출판사 | 등록 : 제406-2003-034호
주소 : (우)10881 경기도 파주시 회동길 252
전화 : 031)955-8588, 8558 | 전송 : 마케팅부 031)955-8595 편집부 031)955-8596
홈페이지 : www.sakyejul.net | 전자우편 : picturebook@sakyejul.com
블로그 : blog.naver.com/skjmail | 페이스북 : facebook.com/sakyejulpicture
트위터 : twitter.com/sakyejul | 인스타그램 : sakyejul_picturebook

값은 뒤표지에 적혀 있습니다. 잘못 만든 책은 구입하신 서점에서 바꾸어 드립니다.
사계절출판사는 성장의 의미를 생각합니다. 사계절출판사는 독자 여러분의 의견에 늘 귀 기울이고 있습니다.
이 책은 저작권법에 따라 보호받는 저작물이므로 무단전재와 복제를 금합니다.

ISBN 978-89-5828-623-3 74370 ISBN 978-89-5828-463-5 74370(세트)